L'ÉTAT ACTUEL

DE LA LINGUISTIQUE

INDO-EUROPÉENNE

PAR

PAUL REGNAUD

PROFESSEUR DE SANSCRIT ET DE GRAMMAIRE COMPARÉE
A LA FACULTÉ DES LETTRES DE LYON
LAURÉAT DE L'INSTITUT
(Inscriptions et Belles-Lettres, Sciences morales et politiques)

(Introduction aux ÉLÉMENTS DE GRAMMAIRE COMPARÉE DU GREC ET DU LATIN
du même auteur.)

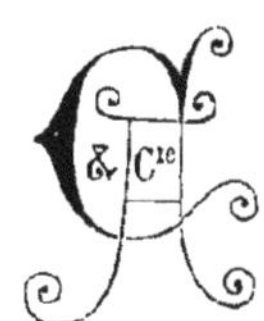

PARIS

ARMAND COLIN ET Cⁱᵉ ÉDITEURS

5, RUE DE MÉZIÈRES, 5

1895

L'ÉTAT ACTUEL

DE LA LINGUISTIQUE

INDO-EUROPÉENNE

PAR

PAUL REGNAUD

PROFESSEUR DE SANSCRIT ET DE GRAMMAIRE COMPARÉE
A LA FACULTÉ DES LETTRES DE LYON
LAURÉAT DE L'INSTITUT
(Inscriptions et Belles-Lettres, Sciences morales et politiques)

(Introduction aux ÉLÉMENTS DE GRAMMAIRE COMPAREE DU GREC ET DU LATIN
du même auteur.)

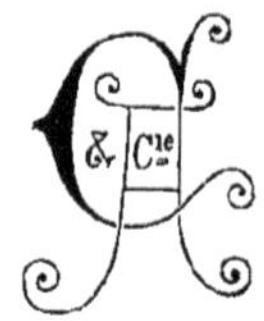

PARIS

ARMAND COLIN ET Cⁱᵉ ÉDITEURS

5, RUE DE MÉZIÈRES, 5

1895

INTRODUCTION

AUX ÉLÉMENTS DE GRAMMAIRE COMPARÉE

DU GREC ET DU LATIN

L'apologie de la doctrine à l'exposé de laquelle le
présent ouvrage est destiné peut s'exprimer en deux mots :
le système qu'elle constitue, et qui découle naturellement
de la classification chronologique des phénomènes du langage dans le domaine qu'il concerne, *se tient*. Comme en
toute science dont le tissu est un enchaînement de causes
et d'effets, sa consistance logique est le gage de sa justesse,
et j'ose dire qu'à ce point de vue il défie la critique. Le
même principe préside à chacune des théories dont voici
l'ensemble, et toutes ces théories se rattachent entre elles
par le lien du principe qui leur est commun. L'étroitesse
de ces rapports n'exclut pas, il est vrai, la possibilité
d'erreurs de détail ; mais, en général, l'abondance des
preuves qui viennent à l'appui des règles particulières est
telle que le sacrifice de celles qui laisseraient prise au
doute, ou qui reposeraient sur des fautes positives, ne
saurait infirmer la valeur des faits qui restent sûrs et
rendre le système caduc. Il n'est donc pas à la merci, du
moins j'en suis persuadé, des jugements qui l'attendent.
Mais tout en le croyant évident par l'effet de sa cohésion

même, je ne dois pas oublier que la persuasion ne s'impose pas. La certitude que présentent, à mon avis, les démonstrations de mon livre ne bénéficierait pas des vains efforts que je tenterais pour en donner l'illusion si la réalité lui manquait, de même qu'elle n'a rien à redouter des dénégations impuissantes de ceux qui refuseraient de la voir là où elle est manifeste. Je passe donc sans plus tarder à d'autres considérations.

La vérité est une, et si ce système est juste, ceux qui l'ont précédé et dont il diffère ne sauraient l'être en même temps. Mais ne convient-il pas d'ouvrir ici une parenthèse pour se demander si les données antérieures forment à vrai dire un tout systématique? J'espère ne scandaliser personne en affirmant que les théories linguistiques de Bopp et de ses successeurs ne constituent pas un corps de doctrine dont les différentes parties se coordonnent entre elles et que vivifie un seul et même principe. A ceux qui seraient tentés d'en douter, je soumettrai les remarques qui vont suivre.

On peut dire de Bopp, sans manquer à la justice ni même à la reconnaissance qui lui sont dues, qu'il eut à peine l'idée de la grammaire historique [1]; sa grande préoccupation et sa grande création, ainsi que l'attestent le titre et l'objet de son principal ouvrage [2], consistèrent dans l'application à l'étude des langues indo européennes de la méthode comparative. Or, la comparaison entre les

---

[1] Je me souviens d'avoir entendu signaler l'aurore de cette idee vers 1872 par un philologue des plus perspicaces et des plus competents, le regretté F. Baudry.

[2] *Grammaire comparée des langues indo-européennes.* Traduction, Breal, Paris, 1863-1874.

faits qui dépendent d'une même science peut préparer un
système, mais elle exclut en quelque sorte en les précé
dant les vues d'ensemble dont elle est destinée à fournir
les éléments et d'où le système sortira. En réalité, Bopp
n'avait pas et ne pouvait guère avoir d'opinion scientifique
et définitive sur les conditions du développement linguistique au double point de vue des sons et des sens, et rien
ne saurait mieux le montrer que la docilité qu'il mit à
adopter sans examen suffisant les données des grammairiens de l'Inde ancienne, soit sur le renforcement
vocalique, soit sur l'analyse des formes et la dérivation.

S'il avait eu, disons-le, le dessein de dresser une
véritable histoire du langage, il serait resté en garde sur
ces deux points contre les théories de l'Inde. Comment
admettre, en effet, que leurs auteurs, à moins d'une intui-
tion miraculeuse, eussent touché juste en procédant empi-
riquement, alors surtout que leur dessein n'allait pas au
delà d'établir un classement purement mnémotechnique
des phénomènes grammaticaux du sanscrit et qu'il leur
eût fallu, pour pouvoir espérer d'atteindre en pareille
matière aux vérités générales, des éléments de comparaison et des données historiques qui leur faisaient défaut
et dont ils s'inquiétaient peu? La chronologie des formes
était leur moindre souci, ou plutôt ils n'en avaient pas
même l'idée. Selon toute vraisemblance, Bopp la leur prêta
gratuitement quand il fit, en croyant les suivre, des formes
renforcées (ou affectées du *guṇa* ou de la *vṛddhi*) les déri-
vées des formes faibles. De toute manière, au point de vue
d'un système quelconque la conception était aussi fâcheuse
que possible, car elle nécessitait, en mettant en présence

les uns des autres des faits divergents, l'admission d'un double mouvement du vocalisme indo européen ayant pour résultats contradictoires tantôt d'accroître ou de renforcer les sons, et tantôt de les diminuer ou de les réduire. Par là était écartée, et sans autre nécessité (la suite l'a fait voir) que le respect de la tradition de l'Inde, la possibilité de ramener à un principe constant l'évolution phonétique dans la famille de ces langues.

Un emprunt non moins regrettable pour l'avenir de la science contracté par Bopp envers les mêmes créanciers, fut d'attacher un caractère d'analyse véritable, c'est-à-dire inversement modelé sur les synthèses de la période organique du langage, aux dissections grammaticales de Paṇini et de ses émules. Cette méthode décomposait, par exemple, une forme comme la 3e personne du singulier de l'indicatif actif *bharati*, il porte, en une partie radicale *bhar*, un suffixe verbal *a* et une désinence personnelle *ti :* soit en trois éléments considérés comme réunis (ou *agglutinés*) à la suite d'une période primitive d'isolement ou d'indépendance mutuelle.

Ici encore, le commentaire européen des préceptes des Hindous leur attribuait une portée qu'ils n'avaient pas. Leur analyse, en effet, n'était qu'un moyen empirique et pratique de classer les éléments *apparents* des mots et de réduire les règles de dérivation et d'accord à des formules d'une concision algébrique. Dans tous les cas l'histoire ne se trouvait pas en cause, et le procédé n'impliquait pour eux aucune conclusion sur un état antérieur du langage qu'ils ne soupçonnaient même pas capable d'avoir pu différer de celui qu'ils avaient sous les yeux.

Ce n'en fut pas moins par cette voie que s'introduisit dans l'esprit de Bopp l'idée des racines, ou des éléments primordiaux des formes actuelles au delà desquels il serait inutile et vain d'essayer de remonter autant pour la forme que pour le sens [1]. La théorie impliquait d'ailleurs des données contradictoires, ou rationnellement insuffisantes : le vocalisme radical, on ne pouvait le nier, était variable, mais le consonnantisme ne l'était pas ; toutes les autres parties du mécanisme du langage supposaient des progrès que démentait, sur le point le plus important, la primordialité des racines fixées en quelque sorte *a principio;* par-dessus tout, le procédé logique moyennant lequel les différentes fonctions grammaticales de ces mêmes racines étaient sorties d'une indétermination originelle, restait inexpliqué.

Les défauts de l'hypothèse apparaissent bien autres encore si on l'examine au point de vue purement expérimental. Où sont elles donc ces fameuses racines à l'origine perdue dans la nuit des temps, aux cadres immuables, à l'individualité persistante, sinon seulement dans l'imagination de leurs auteurs ? Partout, les formes radicales, qu'elles soient restées isolées ou monosyllabiques, ou qu'elles se présentent à nous avec des développements dus à la dérivation, offrent une variété qui décèle tout à la fois leurs différences chronologiques et l'indécision des limites qui les distinguent entre elles. Qui ne connaît d'ailleurs le lumineux exposé où M. Bréal a fait voir

---

[1] C'est ce qui faisait dire assez témérairement à un linguiste de l'école : « Nous n'avons pas l'HABITUDE de faire rentrer les racines les unes dans les autres. »

comment elles naissent et de quelle façon une forme déjà secondaire comme le latin *rota* peut, au cours des métamorphoses du langage, prendre dans une série de dérivés, tels que nos mots *rouler, rouleau, roulage*, etc., l'aspect d'une racine nouvelle ?

Je n'insisterai pas sur le nombre et la gravité des erreurs que devait entraîner au double point de vue phonétique et morphologique cette conception si contestable des racines, à la supposer fausse. Qu'il me suffise de rappeler l'objet de ces remarques, à savoir que sur ce point capital, comme en ce qui regarde le renforcement, les théories de Bopp ne sont rien moins qu'orientées vers un même principe et dirigées par l'idée que le langage a une histoire, ou un devenir conditionné par des lois. Cette critique n'ôte rien du reste à la valeur des observations de détail du maître qui, malgré tout, doit conserver la gloire d'être considéré comme le fondateur de la grammaire comparée des langues indo-européennes. Il est de mon devoir d'ajouter que Bopp s'était rendu compte des effets de la dérivation sur l'affaiblissement phonétique *(cf.* Appendice I). S'il n'en a pas tiré tout le parti qu'il convenait, c'est déjà beaucoup d'avoir ouvert la voie, et l'on peut reprocher à ses successeurs immédiats d'avoir abandonné une direction si féconde. En la reprenant et en la suivant pour mon compte, j'ai profité d'une initiation qu'il serait ingrat de méconnaître.

Les émules et les premiers continuateurs de Bopp, c'est-à-dire, pour ne nommer que les plus célèbres parmi ceux qui ne sont plus, J. Grimm, Pott, Zeuss, Schleicher, Corssen, G. Curtius, Miklosich, n'ont guère fait que suivre ses traces et développer ses idées en les appliquant sur le domaine particulier des rameaux linguistiques secondaires. En général, erreurs et vérités sont restées entre leurs mains ce qu'elles étaient entre celles du fondateur de l'école, et s'ils ont enrichi les parties intérieures de la doctrine, ils en ont à peine élargi les contours.

A la suite de ces disciples de la première heure, apparurent de différents côtés (à l'Ecole des Hautes-Etudes et à la Société de linguistique de Paris, et dans certaines Universités allemandes), il y aura bientôt vingt ans, des épigones désignés par leurs devanciers, non sans une nuance d'ironie, sous le nom de « jeunes grammairiens ». Ces nouveaux venus n'en réussirent pas moins à prendre vite le haut du pavé et à imposer provisoirement à la science les modifications qu'ils apportèrent aux théories de Bopp.

Ce n'est pourtant pas que leur ardeur fût allée au plus pressé, ni qu'ils prissent à tâche, soit d'éprouver la solidité des assises de l'édifice qu'ils prétendaient achever, soit d'apporter de l'harmonie dans le plan heurté sur lequel il avait été conçu. Leurs recherches ne sortirent guère plus que celles de leurs prédécesseurs du cercle qui limitait l'horizon de Bopp et, sauf la théorie du *guṇa* dont ils furent amenés par la logique de leur manière de classer les formes fortes à proclamer bruyamment la mort, ils conservèrent eux aussi le bon et le mauvais de la doctrine et tout particulièrement les fallacieuses hypothèses de l'école sur les racines et la dérivation. Ils travaillèrent donc surtout au dedans des vieux cadres et consacrèrent, on doit le reconnaître, de louables efforts à distinguer les uns des autres, mieux qu'on ne l'avait fait avant eux, les phénomènes dissemblables. Le malheur est qu'abondant trop dans leur propre sens et poussant la critique, au sens étymologique du mot, jusqu'à l'hypercritique [1], ils aient taillé sans recoudre et oublié que la science n'est féconde que par l'alliance de la synthèse et de l'analyse. Ils aggravèrent, du reste, leur erreur en imaginant de toute pièce un principe à l'appui de cette méthode incomplète et stérile. J'ai en vue le fameux principe de la constance des lois phonétiques.

On pourrait n'en plus parler si ses inventeurs, contraints par l'invincible logique des faits d'en répudier les termes, ne prétendaient pas, par la plus flagrante des inconséquences, conserver les résultats et l'impulsion de la méthode qui en découle, sous prétexte de prévenir les écarts auxquels on serait exposé sans elle. Cette attitude fait songer, soit à quelque dialogue des morts dans lequel Ptolémée, converti par les arguments de Newton, soutiendrait cependant que, pour la bonne police de la science, il faut continuer de parler et d'agir comme si le soleil tournait autour de la terre; soit à un libre penseur, plus soucieux d'exagérer la prudence que de mettre ses actes en harmonie avec ses principes, qui ferait ses Pâques afin d'édifier ses domestiques et de fournir, vaille que vaille, un point d'appui à leur probité suspecte [2].

En dépit de l'aphorisme qu'une porte doit être ouverte

---

[1] L'expression proverbiale couper les cheveux en quatre rend bien compte du procédé dans ce qu'il y a d'excessif et de dangereux pour la science. On peut aussi couper les gutturales en quatre, sans qu'il y ait lieu, et fausser par là toute la phonétique que ce point intéresse.

[2] Voir mon article de la *Revue de Linguistique* (n° du 15 juillet 1894) intitulé : *Un faux principe de linguistique insuffisamment amendé.*

ou fermée, la Nouvelle Grammaire en est là aujourd'hui.'
Mais pourra-t-elle se tenir longtemps dans cet instable et
précaire équilibre? Si le principe auquel elle doit toutes ses
« découvertes » est faux, si les variantes phonétiques sont
d'origine individuelle et par là indéfiniment *variables*,
si les langues ne sont et ne sauraient être que des syncré-
tismes dus à la réunion successive d'un nombre plus ou
moins grand de ces variantes au sein de l'organisme
complexe qui constitue l'idiome d'une nation, qu'avons
nous besoin de couper le câble entre l'*a* et l'*e* indo-européens, de distinguer entre différentes sortes de gutturales
et surtout de postuler pour la langue mère l'existence si
complétement gratuite des prétendues nasales et liquides
sonnantes? Ces mêmes découvertes deviennent d'un seul
coup inutiles et gênantes : inutiles, par ce que les faits sur
lesquels elles s'appuient s'expliquent indépendamment
d'elles et sans effort par l'hypothèse si naturelle de l'évolution phonétique; gênantes, parce qu'elles encombrent la
science de catégories aussi abusives que celles de la vieille
scolastique, au grand détriment de la vérité qu'elles tiennent
à l'écart.

Il est vrai qu'on s'est attaché à remplacer l'idée de
l'altération spontanée des sons, dangereuse, paraît-il, aux'
mains des imprudents, par celle des effets de l'analogie :
quand un son change, et comment nier que le fait n'arrive
souvent? le phénomène n'aurait rien de propre ni de direct,'
mais résulterait *toujours* de l'imitation instinctive d'un
autre son qui, sous certaines conditions de ressemblance,'
servirait de modèle à la mutation en question.

Il est difficile de voir, surtout à en juger par l'usage

qu'on en a fait, les garanties que présente contre les
chances d'erreur l'hypothèse des influences analogiques.
Les esprits faux et les ignorants expliqueront tout ce qu'ils
voudront par cette hypothèse comme par celle de l'évolution phonétique. La caution n'est par grâce d'état ni
dans l'une ni dans l'autre, mais dans la prudence et le savoir
de celui qui doit s'en servir. Depuis quand, d'ailleurs, la
science est-elle à la merci de considérations de ce genre ?
Depuis quand est-elle l'humble servante et non la maîtresse
des instruments qu'elle emploie ? Depuis quand faut-il
subordonner ses moyens et ses fins au souci d'empêcher
les incompétents, les téméraires et les maladroits d'en
faire un mauvais usage ?

Sous un autre point de vue, on peut remarquer qu'ex
pliquer les mutations phonétiques par l'analogie, c'est
reculer les difficultés sans les résoudre. Toute imitation
analogique suppose un modèle. Or si, en matière de langage, un certain nombre de prototypes phonétiques et
morphologiques rendaient réellement compte des phénomènes secondaires correspondants, il resterait toujours,
pour asseoir la science sur une base solide, à donner la raison d'être des prototypes eux-mêmes et de leurs rapports
mutuels. Nous revenons par là au même probleme que
soulève la théorie des racines primordiales, problème qu'on
renonce à résoudre par l'excellent motif qu'on s'est créé
bénévolement en le posant une barriere infranchissable,
mais heureusement toute imaginaire [1].

---

[1] La position de l'ecole vis-à-vis de la question de l'individualite primor-
diale des racines correspond exactement à l'attitude que, dans un autre
domaine de la science, Cuvier avait prise a propos de celle de l'immutabilite

J'achève par là d'indiquer la triple erreur sur laquelle
sont fondées les déductions de la Nouvelle Grammaire :
erreur des racines primitives et spécifiques empruntée sans
contrôle à Bopp, qui l'avait lui-même empruntée sans contrôle aux grammairiens de l'Inde ; erreurs de deux sortes
à elle propres dont l'une consiste à nier les mouvements
spontanés des sons et à en rapporter toutes les modifications à l'influence de prototypes phonétiques [1] ; et l'autre
à ériger en un dogme (qu'on est arrivé à renier sans cesser
d'en maintenir les conséquences) l'hypothese de la constance
des lois phonétiques au sein d'une même langue. Ajoutons
qu'un tel dogme est l'opposé même (cela va de soi) de
toute conception d'un développement historique de la partie
matérielle du langage, et que cette antinomie suffit à
elle seule pour l'infirmer absolument.

On juge de l'arbre par ses fruits : ceux de la Nouvelle
Grammaire sont nuls, soit qu'il s'agisse de l'étymologie [2] et
de l'idéologie historique et ethnique, but ultime de toute
linguistique transcendante, soit qu'on l'apprécie au point
de vue des facilités qu'y trouverait l'étude de la science
qu'elle concerne. On peut se rendre compte de la situation
créée à cet égard par les novateurs en recourant, par
exemple, à l'ouvrage de M. Bechtel [3]. Si on a la patience

---

des especes auimales. Qui, à l'heure qu'il est, est encore de l'avis de Cuvier?
Qui, dans dix ou quinze ans, continuera de partager les idees de M. Brugmann ?

[1] Ai je besoin de dire que je ne songe pas à nier le rôle de l'analogie dans
la propagation des suffixes-types? Mais c'est tout autre chose que l'analogie
phonetique au sens on l'entend la Nouvelle Grammaire.

[2] Voir mon compte rendu des *Etyma latina* de M. Wharton dans le *Bulletin critique* (1891).

[3] *Die Hauptprobleme der indo-germanischen Lautlehre seit Schleicher*, Gottingen (1892). — Une circonstance qui peut donner la mesure de

de l'étudier consciencieusement et d'essayer de le comprendre, on reste tout surpris, non seulement des efforts que la tâche nécessite, mais du caractère abstrait de la doctrine qu'il prétend nous enseigner. Cette algèbre abstruse, appliquée si malencontreusement aux phénomènes vivants et concrets du langage, nous transporte aux antipodes du réel, du possible, du vraisemblable. Le seul instinct, à défaut d'une critique minutieuse et précise, nous avertit que nous sommes moins en présence d'une science d'observation, que d'une construction idéale et conventionnelle où la logique des conceptions *a priori* nous éloigne à tire d'ailes de celle des faits.

Cette impression d'absence de réalité qu'on rapporte, en dépit de l'étalage de haute précision qu'affecte la dialectique de l'école, de tout commerce avec ses doctrines, nous rend compte d'un symptôme singulièrement inquiétant, à ce qu'il semble, pour leur avenir. J'ai en vue l'inattention mêlée de dédain que manifestent à leur égard les vrais philologues, c'est-à-dire les humanistes, d'une part, et, de l'autre, les professeurs de l'enseignement secondaire. S'imagine-t-on que les hellénistes et les latinistes ne prendraient pas à cœur de s'éclairer des lumières que la grammaire historique peut leur fournir, si leur solide

---

l'obscurité dont la gnose néo-grammaticale est enveloppée pour les profanes et qui résulte de l'entassement des déductions abstraites sur des principes trompeurs, est l'appel qu'adressait un jour (dans une *Variété* de la *République française*) M. Salomon Reinach à la science et au talent d'exposition de M. Bréal pour débrouiller ce chaos. La demande n'était pas sans impliquer quelque illusion sur la possibilité de son objet ; mais pour qu'un philologue aussi pénétrant et aussi bien informé que M. Reinach en soit à déclarer qu'il cherche encore la clé de la doctrine, ne faut-il pas qu'à part les initiés personne ne parvienne à s'en faire une idée nette ?

bon sens doublé d'un tact aiguisé ne les mettait en garde contre des théories dont la raison est si obscure et l'artifice si manifeste ? S'imagine-t-on que les professeurs de grammaire de nos lycées ne seraient pas heureux et curieux d'initier leurs élèves, dans la mesure où la chose est possible, à la véritable structure des formes dans les langues qu'ils sont chargés de leur apprendre ? Peut-on douter d'ailleurs que, si cette structure était connue, toutes les explications phonétiques et morphologiques n'en deviendraient pas à la fois plus faciles et plus intéressantes ? Mais à qui la faute, si cette partie de la grammaire analytique et historique reste lettre morte pour ceux qui sont appelés surtout à la rendre pratique, à la féconder et à lui faire porter les fruits que l'enseignement aurait le droit d'en attendre ? Et si ces résultats ne sont pas obtenus, si rien ne fait prévoir qu'ils le soient de sitôt, n'est-ce pas l'indice le plus sûr que cette science n'est pas faite, ou qu'elle est mal faite, ou bien encore, ce qui revient au même, qu'elle est sans application parce qu'elle est inapplicable, et qu'elle est inapplicable parce qu'elle manque à la fois de vérité et de clarté ?

C'est que le langage est un organisme vivant et qu'il doit être étudié comme tel, ce qui implique, répétons-le, synthèse autant qu'analyse. C'est que le langage a eu des commencements et des développements dont la jonction est si étroite et la suite si continue que, sans une idée juste de ses débuts, on ne saurait en avoir de juste sur tout le cours de son évolution ultérieure, et réciproquement. Dieu me garde pourtant d'avoir en vue des périodes aussi lointaines, aussi obscures, aussi purement physiologiques, pourrait-on dire, que celles de la transition du cri animal à la voix articulée. Mais dès que le langage devient un langage véritable, caractérisé par des sons nets, distincts et significatifs, il n'y a rien de téméraire à lui supposer, qu'il s'agisse des sens ou des sons, des modes de progrès analogues à ceux qu'ils nous est permis de constater aux époques historiques [1]. Moyennant cette hypothèse que la logique impose plus encore qu'elle ne l'autorise, il nous devient facile de nous rendre compte des procédés par lesquels la peuplade sauvage dont le vocabulaire ne dépasse pas deux ou trois cents mots, possèdera un jour, si elle se civilise, des lexiques d'au moins cinquante mille vocables, comme le français et l'anglais actuels.

Pour ne parler que des sons, l'observation nous fait voir qu'ils multiplient graduellement les instruments du langage en se multipliant eux-mêmes, d'abord par l'effet des modifications dont ils sont susceptibles et, plus tard, à l'aide de l'analogie qui peut utiliser et reproduire à l'infini les types créés par l'altération phonétique. Là est tout le mystère, sinon de l'origine même de la parole humaine, du moins du ressort qui préside à son développement; là est le principe dont le jeu et les résultats forment l'objet de la grammaire historique, qui devient en même temps comparée si elle porte, comme dans le cas actuel, sur deux ou plusieurs langues de pareille origine.

J'ai pu faire entrevoir, je l'espère, les traits généraux

---

[1] Je réfuterai par leur propre exemple ceux qui m'objecteront qu'il est impossible de remonter à la langue mere indo-européenne. N'y remonte-t-on pas quand on nous affirme que l'*a* sanscrit etait un *e* ou que le genitif de *pōs* etait *pd-os*?

de la méthode qui sera inaugurée dans cet ouvrage. Il ne me reste plus qu'à signaler les simplifications auxquelles elle prête et qui résultent de l'application du même principe à tous les cas particuliers. Avec elle disparaissent, comme on le verra, une foule de catégories illusoires et contradictoires qui, se trouvant réduites à l'état d'hypothèses inutiles, doivent être bannies de la nomenclature grammaticale. Il en est ainsi de la métathèse, de la prothèse et de l'épenthèse vocaliques, de l'apophonie et de la métaphonie, du *v* éphelcustique et de l'allongement compensateur, de la *svarabhakti*, des deux (ou trois) séries de gutturales, des liquides et des nasales sonnantes, etc. Autant d'idoles qui encombraient les abords du temple, et dont la chute en facilitera singulièrement l'accès !

Me sera-t-il permis, en terminant, d'ajouter un mot « pour un fait personnel », et de constater l'ingratitude et les dangers du rôle d'initiateur? J'en ai fait, comme bien d'autres avant moi, la fâcheuse expérience. Mais ces ennuis sont compensés, sont oubliés, quand ils deviennent en quelque sorte, comme dans les circonstances présentes, la rançon de la vérité et qu'on leur doit d'avoir pu jouir parmi les premiers du spectacle offert par la logique interne d'une science qui ne le cède à aucune autre pour sa beauté organique, et l'ordre étonnant dans lequel se sont développés les phénomènes qui la concernent? Rien ici-bas n'est gratuit, et je me console de mes peines en pensant que le prix dont j'ai dû payer ces avantages n'en dépassait pas la valeur.

LISTE

DES PRINCIPAUX TRAVAUX DE L'AUTEUR

RELATIFS A LA LINGUISTIQUE

Essais de linguistique évolutionniste. Application d'une méthode générale à l'étude du développement des idiomes indo-européens. (Recueil de Mémoires publiés séparément d'abord de 1883 à 1886). Paris, Leroux, 1886.

Les lois phonétiques sont-elles absolues au sens où l'entendent les néo-grammairiens? Non (Brochure). Paris, Leroux, 1887.

Origine et Philosophie du langage ou Principes de linguistique indo-européenne. (Ouvrage auquel l'Académie des sciences morales et politiques a décerné le prix Bordin dans sa séance du 25 juin 1887). Paris, Fischbacher, 1888. (Deuxième édition, 1889).

Esquisse du véritable système primitif des voyelles dans les langues d'origine indo-européenne (Brochure). Paris, Leroux, 1889.

Les grandes lignes du vocalisme et de la dérivation dans les langues indo-européennes (Brochure). Paris, Leroux, 1890.

Principes généraux de linguistique indo-européenne publiés à l'usage des candidats aux agrégations de philosophie et de grammaire. Paris, Hachette, 1890.

Observations critiques sur le système de M. de Saussure (Brochure). Gray, Bouffaut, 1891.

Quelques remarques critiques sur la loi de Verner (Brochure). Gray, Bouffaut, 1893.

Dans le tome VI de la BIBLIOTHÈQUE DE LA FACULTÉ DES LETTRES DE LYON (1888) ·

Etude sur le rhotacisme proethnique et ses rapports avec le développement morphologique des langues indoeuropéennes.

Sur les traces en sanscrit d'un esprit initial disparu aux temps historiques.

Nouvelles observations sur le vocalisme indo-européen.

Dans la REVUE DE LINGUISTIQUE (1888) :

La théorie des deux K indo-européens.

La question de la restitution de la langue mère indoeuropéenne.

Id. (1889) :

Le système de l'agglutination devant la logique et devant les faits.

Quelques remarques sur les parfaits latins.

Observations sur le rôle de l'évolution phonétique et de l'analogie dans le développement du langage.

Remarques sur l'assimilation dans les langues indoeuropéennes.

Id. (1890) :

Le véritable système vocalique indo-européen. Preuves et déductions nouvelles,

*Etude sur l'évolution morphologique et fonctionnelle
dans les langues indo-européennes.*

Id. (1891) :

*L'elargissement des formes indo-européennes sur des
finales rhotacisées.*
*Etudes phonétiques et morphologiques dans le domaine
des langues indo-européennes.*

Id. (1892) :

Nouvelles observations sur le vocalisme du grec.
Sur quelques formes difficiles du latin.
Sur le rapport étymologique de κρίνω, cerno, κείρω.
Compte rendu de l'*Étude sur les troubles de la parole* de
M. Grandjean.

Id. (1893) :

*L'empirisme de Bopp et la vraie méthode en linguistique
indo européenne.*

Id. (1894) :

Un faux principe de linguistique insuffisamment amendé.

Id. (1895) :

Sur l'origine de nos mots EST *et* OUEST.

Dans la **REVUE PHILOSOPHIQUE (1887)**.

*Observations sur quelques conditions logiques du lan-
gage.*

Id. (1888) :

*Sur l'évolution logique des différentes catégories du
nom.*
*Le verbe : ses antécédents et ses correspondants logi-
ques.*

Id. (1889) :

L'évolution phonétique du langage. Origine et valeur de l'idée de racine et de suffixe dans les langues indo-européennes.

Id. (1890) :

Origine et valeur des fonctions casuelles dans la déclinaison indo-européenne.
L'origine des suffixes dans les langues indo-européennes.

Id. (1892) :

Sur les premiers développements du langage.

Id. (1893) :

Compte rendu du livre de M. A. Lefèvre, *Les langues et les races.*
Compte rendu du livre de M. Bourdon, *L'expression des émotions et les tendances dans le langage.*

Id. (1894) :

Compte rendu du *Manuel de la Langue égyptienne* de M. V. Loret.

Dans le BULLETIN CRITIQUE (1890) :

Compte rendus : *La loi de l'allongement des composés grecs* de M. Wackernagel.
Etudes de grammaire comparée de M. de la Grasserie.
Parenté de l'égyptien avec les langues indo-européennes de M. Karl Abel.

Id. (1891) :

Compte rendus : *Le Grundriss* de M. Brugmann.
Les noms de parenté indo-europeens de M. Delbruck.

Les substantifs et adjectifs en ες de M. Parmentier.
Les Etyma latina de M. Wharton.

Dans la REVUE DE PHILOLOGIE PROVENÇALE ET FRANÇAISE (1891) :

Compte rendu du livre de M. Passy, intitulé : *Elude sur les changements phonétiques et leurs caractères généraux.*

Id. (1894) :

Quelques étymologies françaises indiquées, confirmées ou expliquées par l'anglo-saxon.

Dans la GRANDE ENCYCLOPÉDIE :

Articles de phonétique sur les lettres de l'alphabet de *c* à *l*.
Articles *G. Curtius, Etymologie, Idéographie,* etc.

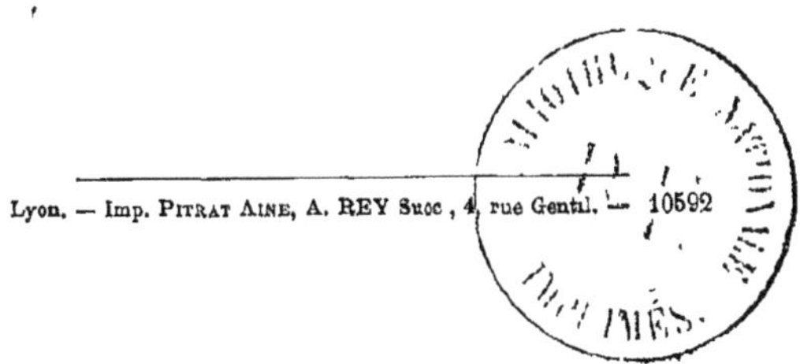

Lyon. — Imp. PITRAT AINE, A. REY Succ , 4, rue Gentil. — 10592